Ⓒ

DISCOURS

QUI A REMPORTÉ

LE PRIX D'ÉLOQUENCE

A L'ACADÉMIE

FRANÇOISE,

En l'Année M. DCC. LV.

Par le P. GUENARD, Jésuite.

A PARIS,

Chez B. BRUNET, Libraire-Imprimeur de
l'Académie Françoise, rue S. Jacques,
vis-à-vis les Mathurins.

M. DCC. LV.

DISCOURS

Qui a remporté le Prix
En l'Année 1755.

Par le P. GUENARD, Jésuite.

En quoi consiste l'Esprit Philosophique : confor-
mément à ces paroles : *Non plus sapere quàm
oportet sapere.* Ep. ad Rom. c. 12. v. 3.

LEs siècles, de même que les hommes, ont un caractère qui les dis-
tingue. On se pique aujourd'hui
de Philosophie : voilà le goût dominant,
& j'oserai dire, la passion générale de
notre siècle. Le Sujet qu'on propose,

A ij

intéreſſant par ſa nature, devient donc par les circonſtances, plus intéreſſant encore ; & ce Diſcours ſeroit d'une utilité véritable, ſi dans un peuple d'Eſprits qui veulent être Philoſophes, il pouvoit convaincre les uns qu'ils ne le ſeront jamais, & montrer aux autres comment ils le doivent être : deux connoiſſances auſſi rares que néceſſaires. Sans eſpérance de procurer un ſi grand avantage, eſſayons cependant de traiter la queſtion relativement à ce double objet : traçons d'abord les caractères qui diſtinguent l'eſprit philoſophique de toute autre ſorte d'eſprit, & poſons enſuite d'après l'Apôtre les bornes qu'il ne doit jamais franchir.

PREMIERE PARTIE.

Avant d'expoſer en détail les propriétés eſſentielles de l'eſprit philoſophique, qu'il me ſoit permis de le définir en deux mots : le talent de penſer. Cette notion

me paroît juſte & naturelle ; ouvrons
cette idée, & développons ce qu'elle
enferme. Le premier trait que j'en vois
ſortir, c'eſt l'eſprit de réflexion, le génie
d'obſervation ; caractère plus grand &
plus ſingulier qu'il ne ſemble d'abord,
& qu'on doit regarder comme la racine
même du talent de penſer, comme le
germe unique de la vraie Philoſophie.

Aſſemblez autour de vous les maîtres
& les docteurs ; dévorez tous ces volu-
mes qui promettent la ſcience de penſer ;
appellez au ſecours de votre intelligence toutes ces règles ſi vantées dans les
écoles, qui ſéparent, dit-on, les ténèbres de la lumière : votre mémoire eſt
enflée de ſes richeſſes, & vous voyez
ſans doute le peuple ignorant ſous vos
pieds. Cependant ſi vous n'avez cette
activité, cette force de raiſon qui fait ré-
fléchir profondément, & qui d'une ſeule
idée fait tirer en la creuſant mille autres
idées cachées dans la première ; ſi vous

A iij

êtes dépourvus de ce génie d'observation dont le caractère est d'examiner sans cesse, d'étudier tous les objets qui passent devant lui, comparant tout ce qu'il voit, remontant d'une chose à l'autre par un raisonnement vif & naturel, saisissant rapidement ces rapports intimes & cachés qui enchaînent les différentes parties du monde physique ou moral; si la nature vous a refusé cette grande qualité, ne vous flattez point d'être véritablement Philosophes, & d'en avoir l'esprit : non, vous serez toujours peuple; vous ne penserez jamais, malgré tous les secours de l'art, que d'une manière foible & commune. En vain possederez-vous le pénible secret de captiver vos pensées dans une forme plus réguliere; en vain serez-vous remplis de cette Philosophie morte, pour ainsi dire, qui n'est point née de votre raison, mais qui vient d'un livre ou d'un maître : tout cela vous laisse encore dans l'ordre du vulgaire. Par quel

endroit l'esprit philosophique s'élève-t-il
donc au-dessus de la foule, au-dessus
même de tous les Philosophes ordinaires?
C'est par le coup-d'œil observateur, qui
découvre à tout moment dans ses objets
des propriétés, des analogies, des diffé-
rences, un nouvel ordre de choses, un
monde nouveau que l'œil du vulgaire
n'apperçoit jamais ; c'est par le talent
singulier, non de raisonner avec plus de
méthode, mais de trouver les principes
mêmes sur lesquels on raisonne : non de
compasser ses idées, mais d'en faire de
nouvelles, & de les multiplier sans cesse
par une réflexion féconde. Talent unique
& sublime, don précieux de la nature,
que l'art peut aider quelquefois, mais
qu'il ne sauroit ni donner, ni suppléer
par lui-même. Voilà le génie qui créa
les Sciences; & lui seul pourra les enri-
chir, & lui seul pourra les élever à la per-
fection. Que font en effet toutes les
Sciences humaines? Un assemblage de

connoiſſances réfléchies & combinées :
il n'appartient donc qu'aux génies inven-
teurs & toujours penſans d'ajouter à ce
tréſor public, & d'augmenter les ancien-
nes richeſſes de la raiſon. Tous les autres
Philoſophes, peuple ſtérile & conten-
tieux, ne feront jamais que ſecouer, pour
ainſi dire, & tourmenter les vérités que
les grands génies vont chercher au fond
des abîmes : ils ont un art qui les fait parler éternellement, quand d'autres ont
penſé pour eux, & qui les rend tout d'un
coup muets, quand il s'agit de trouver
une ſeule idée nouvelle.

Au génie de réflexion, comme à ſon
principe, doit ſe rapporter cette liberté
& cette hardieſſe de penſer, cette noble
indépendance des idées vulgaires, qui
forme, ſelon moi, un des plus beaux traits
de l'eſprit philoſophique.

Penſer d'après ſoi-même; caractère
plein de force & de grandeur ; qualité la
plus rare peut-être & la plus précieuſe de

toutes les qualités de l'efprit. Qu'on y réfléchiffe ; on verra que tous les hommes, à la réferve d'un très-petit nombre, penfent les uns d'après les autres, & que leur raifon toute entière eft en quelque forte compofée d'une foule de jugemens étrangers qu'ils ramaffent autour d'eux. C'eft ainfi que les opinions bifarres des peuples, les dogmes fouvent abfurdes de l'école, l'efprit des corps avec tous fes préjugés, le génie des fectes avec toutes fes extravagances, fe perpétuent d'âge en âge, & ne meurent prefque jamais avec les hommes ; parce que toutes ces idées, en fortant de l'ame des vieillards & des maîtres, entrent auffi-tôt dans celle des enfans & des difciples, qui les tranfmettront de même à leurs crédules fucceffeurs. Oui, je le répète : juger par fes propres yeux, être l'auteur véritable de fes penfées, c'eft une qualité fingulière, & qui prouve la fupériorité de l'intelligence. Rien de plus commun que le défaut op-

poſé, même dans les Philoſophes. Toute
leur ſcience ordinairement eſt-elle autre
choſe qu'un amas d'opinions empruntées,
auxquelles ils s'attachent par foibleſſe
comme le peuple à ſes traditions ? Il eſt
aiſé de compter les hommes fameux qui
n'ont penſé d'après perſonne, & qui ont
fait penſer d'après eux le genre humain.
Seuls, & la tête levée, on les voit marcher ſur les hauteurs ; tout le reſte des
Philoſophes ſuit comme un troupeau.
N'eſt-ce pas cette lâcheté d'eſprit qu'il
faut accuſer d'avoir prolongé l'enfance
du Monde & des Sciences ? Adorateurs
ſtupides de l'Antiquité, les Philoſophes
ont rampé durant vingt ſiècles ſur les traces des premiers maîtres : la raiſon, con-
damnée au ſilence, laiſſoit parler l'auto-
rité ; auſſi rien ne s'éclairciſſoit dans l'u-
nivers, & l'eſprit humain, après s'être
traîné deux mille ans ſur les veſtiges d'A-
riſtote, ſe trouvoit encore auſſi loin de la
vérité.

Enfin parut en France un génie puif-
fant & hardi qui entreprit de fecouer le
joug du Prince de l'Ecole. Cet homme
nouveau vint dire aux autres hommes que,
pour être Philofophe, il ne fuffifoit pas
de croire, mais qu'il falloit penfer. A
cette parole toutes les Ecoles fe trou-
blèrent. Une vieille maxime regnoit encore : *ipfe dixit* ; le maître l'a dit : cette
maxime d'efclave irrita tous les efprits
foibles contre le père de la Philofophie
penfante : elle le perfécuta comme no-
vateur & comme impie , le chaffa de
Royaume en Royaume ; & l'on vit Defcartes s'enfuir , emportant avec lui la
vérité qui , par malheur , ne pouvoit être
ancienne tout en naiffant. Cependant,
malgré les cris & la fureur de l'igno-
rance, il refufa toujours de jurer que les
anciens fuffent la raifon fouveraine : il
prouva même que fes perfécuteurs ne
favoient rien , & qu'ils devoient defap-
prendre ce qu'ils croyoient favoir. Dif-

ciple de la lumière, au lieu d'interroger
les morts & les dieux de l'Ecole, il ne
consulta que les idées claires & distinc-
tes, la nature & l'évidence. Par ses mé-
ditations profondes, il tira presque toutes les Sciences du chaos ; & par un
coup de génie plus grand encore, il mon-
tra le secours mutuel qu'elles devoient se
prêter, les enchaîna toutes ensemble, les
éleva les unes sur les autres ; & se pla-
çant ensuite sur cette hauteur, il mar-
choit, avec toutes les forces de l'esprit
humain ainsi rassemblées, à la découver-
te de ces grandes vérités que d'autres plus
heureux sont venus enlever après lui,
mais en suivant les sentiers de lumière
que Descartes avoit tracés. Ce fut donc
le courage & la fierté d'esprit d'un seul
homme qui causèrent dans les Sciences
cette heureuse & mémorable révolution
dont nous goûtons aujourd'hui les avanta-
ges avec une superbe ingratitude. Il falloit
aux Sciences un homme de ce caractère,

un homme qui osât conjurer tout feul avec fon génie contre les anciens tirans de la raifon, qui osât fouler aux pieds ces idoles que tant de fiècles avoient adorées. Defcartes fe trouvoit enfermé dans le labirinthe avec tous les autres Philofophes; mais il fe fit lui-même des aîles & s'envola, frayant ainfi de nouvelles routes à la raifon captive. Seconde propriété de l'efprit philofophique : ajoutons encore un trait qui achève de le caractérifer.

Je le trouve dans le talent de faifir les principes généraux, & d'enchaîner les idées entre elles par la force des analogies : c'eft véritablement le talent de penfer en grand. Ce brillant caractère me frappe d'abord dans tous les ouvrages marqués au coin de la vraie Philofophie : je fens un génie fupérieur qui m'enlève au-deffus de ma fphère, & qui m'arrachant aux petits objets, autour defquels ma raifon fe traînoit lentement, me place tout d'un coup dans une région

élevée, d'où je contemple ces vérités
premières, aufquelles font attachées,
comme autant de rameaux à leur tige,
mille vérités particulières, dont les rapports m'étoient inconnus : il me femble
alors que mon efprit fe multiplie & devient plus grand qu'il n'étoit. Les Philofophes d'un génie vulgaire font toujours
noyés dans les détails : incapables de re-
monter aux principes, d'où l'on voit fortir les conféquences, comme une eau
vive & pure de fa fource ; ils fe fatiguent
à fuivre le cours de mille petits ruiffeaux,
qui fe troublent à tout moment, qui les
égarent dans leurs détours, & les aban-
donnent enfuite au milieu d'un défert
aride. Ces efprits étroits & rampans,
prennent toujours les chofes une à une,
& ne les voyent jamais comme elles font,
parce qu'ils n'ont pas faifi l'enfemble
qui montre clairement l'ufage & l'harmonie des parties différentes : fcience
confufe, amas de pouffière, qui ne fait

qu'aveugler la raison, & la charger d'un poids inutile. Jettons hors de notre ame cette foule de petites idées, & voyons, s'il est possible, comme le vrai Philosophe, par ces grandes vûes qui embrassent les rapports éloignés, & décident à la fois une infinité de questions, en montrant l'endroit où mille objets viennent se toucher en secret par un côté, tandis que, par un autre, ils paroissent s'éloigner à l'infini, & ne pouvoir jamais se rapprocher. Il n'appartient qu'à ces génies rapides qui s'élancent tout d'un coup aux premières causes, de traiter les Sciences, les Arts & la Morale, d'une manière également noble & lumineuse : écartant avec dédain toutes ces minuties scholastiques qui remplissent l'esprit sans l'éclairer, ils vous porteront d'abord au centre où tout vient aboutir, & vous mettront à la main le nœud, pour ainsi dire, de toutes les vérités de détail, lesquelles, à le bien prendre, ne sont réellement vérités que

pour ceux qui en connoissent l'étendue &
les affinités secrettes : aussi-tôt toutes
vos observations s'éclairent mutuelle-
ment : toutes vos idées se rassemblent
en un corps de lumière : il se forme de
toutes vos expériences un grand & unique fait, & de toutes vos vérités une
seule & grande vérité qui devient comme
le fil de tous les labirinthes. Nous le
voyons : c'est un petit nombre de principes généraux & féconds, qui a donné
la clef de la nature, & qui par une mé-
chanique simple, explique l'ordre de l'Ar-
chitecture divine. Voilà le sceau de l'esprit philosophique.

Rassemblons ici toutes ses qualités es-
sentielles. Un esprit vaste & profond, qui
voit les choses dans leurs causes & dans
leurs principes : un esprit naturellement
fier & courageux, qui dédaigne de penser d'après les autres : un esprit observateur, qui découvre des vérités par-tout,
& les développe par une réflexion conti-
nuelle;

nuelle; telles font les propriétés du fublime talent de penfer; tels font les
grands caractères qui diftinguent l'efprit philofophique de toute autre forte
d'efprit.

Après avoir expofé ce qu'il eft en lui-
même; effayons de montrer, fuivant la
parole de l'Apôtre, les écueils qu'il doit
éviter, & les bornes qu'il doit fe pref-
crire relativement aux divers objets dont
il s'occupe.

Seconde Partie.

Sciences, beaux arts, littérature, fo-
ciété, mœurs & religion; c'eft de tous
ces objets qu'il faudroit ici rapprocher
l'efprit philofophique, pour mettre dans
tout fon jour l'ufage & l'abus de ce talent
précieux, pour fixer les limites en-deçà
defquelles il eft fageffe, au-delà defquelles il devient déraifon & folie : on
verroit que par-tout il a befoin du confeil
exprimé dans ces paroles, *non plus fapere*

B

quàm oportet, & que l'oubli d'une règle si nécessaire à la raison humaine le conduit à mille excès dans tous les genres : on verroit que les qualités mêmes qui forment son caractère, qualités utiles & brillantes, quand elles sont réglées, dégénèrent toujours, quand on les pousse trop loin, en défauts grossiers, ridicules, & souvent dangereux ; mais il faut se hâter, & je ne pourrois qu'indiquer en courant, une foule de choses qui voudroient chacune un discours ; jettant donc à l'écart la plus grande partie de mon sujet, je m'attache à celle qui me paroît demander une attention particulière.

C'est par rapport aux ouvrages de goût; c'est par rapport à la Religion sur-tout que la sagesse défend de laisser à l'esprit philosophique une liberté trop étendue. Séparons de la foule ces deux objets importans.

Par rapport aux ouvrages de goût. Si j'osois dire que le génie des beaux Arts

eſt tellement ennemi de l'eſprit philoſophique, qu'il ne peut jamais ſe réconci-
lier avec lui, combien d'ouvrages immor-
tels où brille une ſavante raiſon, parée
de mille attraits enchanteurs, éleveroient
ici la voix de concert, & pouſſeroient un
cri contre moi ? Je l'avouerai donc : les
graces accompagnent quelquefois la Philoſophie, & répandent ſur ſes traces les
fleurs à pleines mains; mais qu'il me ſoit
permis de répéter une parole de la ſageſſe, au Philoſophe ſublime, qui poſ-
ſède l'un & l'autre talent : craignez d'être
trop ſages : craignez que l'eſprit philoſophique n'éteigne, ou du moins, n'a-
mortiſſe en vous le feu ſacré du génie.
Sans ceſſe il vient accuſer de témérité,
& lier par de timides conſeils la noble
hardieſſe du pinceau créateur : naturellement ſcrupuleux, il pèſe & meſure toutes ſes penſées, & les attache les unes
aux autres par un fil groſſier qu'il veut
toujours avoir à la main : il voudroit ne

vivre que de réflexions, ne se nourrir que
d'évidence ; il abbatroit, comme ce
Tiran de Rome, la tête des fleurs qui
s'élèvent au-dessus des autres : observateur éternel, il vous montrera tout autour de lui des vérités, mais des vérités
sans corps, pour ainsi dire, qui sont uni-
quement pour la raison, & qui n'intéres-
seroient ni les sens, ni le cœur humain ;
rejettez donc ces idées, ou changez-les
en images, donnez-leur une teinture plus
vive : libre des opinions vulgaires, &
pensant d'une manière qui n'appartient
qu'à lui seul, il parle un langage, vrai
dans le fond, mais nouveau & singulier,
qui blesseroit l'oreille des autres hommes :
vaste & profond dans ses vûes, & s'éle-
vant toujours par ses notions abstraites &
générales qui sont pour lui comme des
livres abrégés, il échappe à tout moment
aux regards de la foule, & s'envole fie-
rement dans les régions supérieures ;
profitez de ses idées originales & hardies,

c'eſt la ſource du grand & du ſublime ;
mais donnez du corps à ces penſées trop
ſubtiles ; adouciſſez par le ſentiment la
fierté de ces traits ; abbaiſſez tout cela
juſqu'à la portée de nos ſens : nous voulons que les objets viennent ſe mettre
ſous nos yeux : nous voulons un vrai,
qui nous ſaiſiſſe d'abord, & qui rem-
pliſſe toute notre ame de lumière & de
chaleur ; il faut que la Philoſophie, quand
elle veut nous plaire dans un ouvrage de
goût, emprunte le coloris de l'imagination, la voix de l'harmonie, la vivacité
de la paſſion : les beaux Arts, enfans
& pères du plaiſir, ne demandent que la
fleur, & la plus douce ſubſtance de votre
ſageſſe, *non plus ſapere quàm oportet.* C'eſt
ainſi que j'appliquerois cette maxime à
ceux qui joignent l'eſprit philoſophique
au génie.

Mais ſi la nature, en vous accordant
le talent de penſer en Philoſophe, vous
a refuſé cette heureuſe ſenſibilité qui

saifit le beau avec transport, & le re-
produit avec force ; si vous n'êtes qu'un
esprit toujours réfléchissant, la règle devient plus sévère à votre égard, & vous
bannit de l'empire du Goût. Eloignez-
vous : la raison séparée des graces, n'est
qu'un docteur ennuyeux qu'on laisse tout
seul au milieu de son école. Vous n'ap-
portez que des vérités tranquilles, un
tissu de réflexions inanimées : cela peut
éclairer l'esprit; mais le cœur qui veut
être remué, l'imagination qui veut être
échauffée, demeurent dans une triste &
fatiguante inaction. Une poésie morte &
des discours glacés, voilà tout ce que
l'esprit philosophique pourra tirer de lui-
même : il enfante, & ne peut donner
la vie.

Quel est ce Philosophe téméraire qui
ose toucher, avec le compas d'Euclide,
la lire délicate & sublime de Pindare &
d'Horace? Blessée par une main barbare,
cette lire divine, qui renfermoit autre-

fois dans fon fein une fi raviffante harmonie, ne rend plus que des fons aigres
& févères : Je vois naître des Poëmes
géométriquement raifonnés , & j'entens
une pefante fageffe chanter en calculant
tous fes tons. Nouveau délire de la Philofophie ! Elle chauffe lè brodequin, &
montant fur un théâtre confacré à la
joie, où Molière inftruifoit autrefois tou-
tè la France en riant , elle y va porter
de favantes analifes du cœur humain, des
fentences profondément réfléchies , un
traité de morale en dialogue.

Je pourrois , en parcourant tous les
genres , montrer par-tout les beaux Arts
en proie à l'efprit philofophique; mais il
faut fe borner. Plaignons cependant ici
la trifte deftinée de l'éloquence, qui dé-
génère & périt tous les jours , à mefure
que la Philofophie s'avance à la perfec-
tion. Il eft vrai que la paffion des faux
brillants & de la vaine parure, a flétri
fa beauté naturelle à force de la farder :

Il eſt vrai que le bel eſprit a ravagé preſque toutes les parties de l'Empire litté-
raire ; mais voici un autre fléau plus
terrible encore : c'eſt la raiſon elle-même ; je dis, cette raiſon géométrique qui
deſsèche, qui brûle, pour ainſi dire, tout
ce qu'elle oſe toucher. Elle renouvelle
aujourd'hui la tirannie de ce faux Atti-
ciſme, qui calomnioit autrefois l'Orateur
Romain, & dont la lime ſévère perſé-
cutoit l'éloquence, déchirant tous ſes
ornemens, & ne lui laiſſant qu'un corps
décharné, ſans coloris, ſans graces, &
preſque ſans vie. Une juſteſſe ſuperſti-
tieuſe, qui s'examine ſans ceſſe, & com-
poſe toutes ſes démarches : une fière pré-
ciſion qui ſe hâte d'expoſer froidement
ſes vérités, & ne laiſſe ſortir de l'ame
aucun ſentiment, parce que les ſenti-
mens ne ſont pas des raiſons : l'art de
poſer des principes, & d'en exprimer
une longue ſuite de conſéquences également claires & glaçantes : des idées

neuves & profondes, qui n'ont rien de
fensible & de vivant, mais qu'on emporte
avec foi, pour les méditer à loifir ; voilà
l'éloquence des Orateurs formés à l'é-
cole de la Philofophie. D'où vient encore cette métaphifique diftillée, que la
multitude dévore, fans pouvoir fe nourrir d'une fubftance fi déliée, & qui devient pour les intelligens eux - mêmes,
un exercice laborieux, où l'efprit fe fatigue à courir après des penfées qui ne
laiffent aucune prife à l'imagination ?
Tous ces difcours pleins, fi l'on veut,
d'une fublime raifon, mais où l'on ne
trouve point cette chaleur & ce mouve-
ment qui vient de l'ame, ne fortent-ils
pas manifeftement de ce génie de dif-
cuffion & d'analife accoutumé à tout dé-
compofer, à tout réduire en abftractions
idéales, à dépouiller les objets de leurs
qualités particulières, pour ne leur laif-
fer que des qualités vagues & générales
qui ne font rien pour le cœur humain?

Je le dirai : ce n'eſt pas corrompre l'éloquence, comme a fait le bel eſprit ; c'eſt
lui arracher le principe même de ſa force
& de ſa beauté : ne ſait-on pas qu'elle
eſt preſque toute entière dans le cœur &
l'imagination, & que c'eſt-là qu'elle va
prendre ſes charmes, ſa foudre même, &
ſon tonnerre ? Liſons les anciens : nous
trouvons des peintures vives & frappan-
tes qui ſemblent faire entrer les objets
eux-mêmes dans l'eſprit ; des tours har-
dis & véhémens qui donnent aux penſées des aîles de feu, & les jettent comme des traits brûlans dans l'ame du Lec-
teur ; une expreſſion touchante des ſen-
timens & des mœurs qui ſe répand dans
tout le diſcours, comme le ſang dans les
veines, & lui communique, avec une
chaleur douce & continue, un air naturel & toujours animé ; une varieté char-
mante de couleurs & de tons, qui repré-
ſentent les nuances & les divers change-
mens du ſujet ; tous ces grands caractè-

res de l'antique éloquence, pourroit-on les retrouver aujourd'hui dans ces discours si pensés, si méthodiques, si bien raisonnés, dont l'esprit philosophique est le père & l'admirateur? Défendons-lui donc de sortir de la sphère des Sciences, & de porter dans les Arts de goût sa tristesse & son austérité naturelle, son stile aride & affamé. *Non plus sapere quàm oportet.*

Mais c'est dans la Religion sur-tout que cette parole doit servir de frein à la raison, & tracer autour d'elle un cercle étroit d'où le Philosophe ne s'échappe jamais.

Il est vrai que la Sagesse incarnée n'est pas venue défendre à l'homme de penser, & qu'elle n'ordonne point à ses disciples de s'aveugler eux-mêmes; aussi réprouvons-nous ce zèle amer & ignorant qui crie d'abord à l'impieté, & qui se hâte toujours d'appeller la foudre & l'anathême, quand un esprit éclairé, séparant les

opinions humaines des vérités sacrées de
la Religion, refufe de fe profterner devant les phantômes fortis d'une imagination foible & timide à l'excès, qui
veut tout adorer, & comme dit un an-
cien, mettre Dieu dans les moindres ba-
gatelles. Croire tout fans difcernement,
c'eft donc ftupidité, je l'avoue; mais un
autre excès plus dangereux encore, c'eft
l'audace effrenée de la raifon, cette cu-
riofité inquiéte & hardie, qui n'attend
pas, comme la crédulité ftupide, que
l'erreur vienne la faifir; mais qui s'em-
preffe d'aller au-devant des périls, qui fe
plaît à raffembler des nuages, à courir
fur le bord des précipices, à fe jetter dans
les filets que la Juftice divine a tendus,
pour ainfi dire, aux efprits téméraires:
là vient ordinairement fe perdre l'efprit
philofophique.

Libre & hardi dans les chofes natu-
relles, & penfant toujours d'après lui-
même : flatté depuis long-temps par le

plaifir délicat de goûter des vérités claires & lumineufes, qu'il voyoit fortir,
comme autant de rayons, de fa propre
fubftance : ce Roi des Sciences humaines fe révolte aifément contre cette au-
torité, qui veut captiver toute intelligence fous le joug de la foi, & qui ordonne aux Philofophes mêmes, à bien
des égards, de redevenir enfans; il voudroit porter dans un nouvel ordre d'objets, fa manière de penfer ordinaire; il
voudroit encore ici marcher de principe
en principe, & former de toute la Religion, une chaîne d'idées générales &
précifes que l'on pût faifir d'un coup
d'œil; il voudroit trouver, en réfléchif-
fant, en creufant en lui-même, en in-
terrogeant la nature, des vérités que la
raifon ne fauroit révéler, & que Dieu
avoit cachées dans les abîmes de fa fageffe; il voudroit même ôter, pour ainfi
dire, aux événemens leur propre nature, & que des chofes dont l'hiftoire

seule & la tradition peuvent être les garants, fussent revêtues d'une espèce d'évidence, dont elles ne sont point susceptibles, de cette évidence toute rayonnante de lumière qui brille à l'aspect d'une idée, pénétre tout d'un coup l'esprit, & l'enlève rapidement. Quelle absurdité! quel délire! Mais c'est une raison yvre d'orgueil qui s'évanouit dans ses pensées, & que Dieu livre à ses illusions. Craignons une intempérance si funeste, & retenons dans une exacte sobriété, cette raison qui ne connoît plus de retour, quand une fois elle a franchi les bornes.

Quelles sont donc, en matière de Religion, les bornes où doit se renfermer l'esprit philosophique? Il est aisé de le dire : la nature elle-même l'avertit à tout moment de sa foiblesse, & lui marque, en ce genre, les étroites limites de son intelligence. Ne sent-il pas, à chaque instant, quand il veut avancer trop

avant, ſes yeux s'obſcurcir, & ſon flambeau s'éteindre ? C'eſt-là qu'il faut s'ar-
rêter. La foi lui laiſſe tout ce qu'il peut
comprendre : elle ne lui ôte que les
myſtères & les objets impénétrables. Ce
partage doit-il irriter la raiſon ? Les
chaînes qu'on lui donne ici, ſont aiſées
à porter, & ne doivent paroître trop pe-
ſantes qu'aux eſprits vains & légers. Je
dirai donc aux Philoſophes : ne vous agi-
tez point contre ces myſtères que la raiſon ne ſauroit percer : attachez-vous à
l'examen de ces vérités qui ſe laiſſent ap-
procher, qui ſe laiſſent en quelque ſorte toucher & manier, & qui vous répon-
dent de toutes les autres : ces vérités ſont
des faits éclatans & ſenſibles, dont la
Religion s'eſt comme enveloppée toute
entière, afin de frapper également les
eſprits groſſiers & ſubtils. On livre ces
faits à votre curioſité ; voilà les fondemens de la Religion : creuſez donc autour de ces fondemens, eſſayez de les

ébranler; defcendez avec le flambeau de la Philofophie jufqu'à cette pierre antique, tant de fois rejettée par les incrédules, & qui les a tous écrafés ; mais lorfqu'arrivés à une certaine profondeur, vous aurez trouvé la main du Toutpuiffant qui foutient, depuis l'origine du monde, ce grand & majeftueux édifice toujours affermi par les orages mêmes & le torrent des années, arrêtez-vous enfin & ne creufez pas jufqu'aux enfers. La Philofophie ne fauroit vous mener plus loin, fans vous égarer : vous entrez dans les abîmes de l'infini : elle doit ici fe voiler les yeux comme le peuple, adorer fans voir, & remettre l'homme avec confiance entre les mains de la Foi. La Religion reffemble à cette nuée miraculeufe qui fervoit de guide aux enfans d'Ifraël dans le défert : le jour eft d'un côté, & la nuit de l'autre. Si tout étoit ténèbres, la raifon qui ne verroit rien, s'enfuiroit avec horreur loin de cet af-

freux

freux objet ; mais on vous donne aſſez de
lumière pour ſatisfaire un œil qui n'eſt
pas curieux à l'excès ; laiſſez donc à Dieu
cette nuit profonde où il lui plaît de ſe
retirer avec ſa foudre & ſes myſtères.
Mais vous direz peut-être : je veux entrer avec lui dans la nue, je veux le ſui-
vre dans les profondeurs où il ſe cache :
je veux déchirer ce voile qui me fatigue
les yeux, & regarder de plus près ces
objets myſtérieux qu'on écarte avec tant
de ſoin ; c'eſt ici que votre ſageſſe eſt
convaincue de folie, & qu'à force d'être
Philoſophe, vous ceſſez d'être raiſonna-
ble. Téméraire Philoſophie , pourquoi
vouloir atteindre à des objets plus éle-
vés au-deſſus de toi , que le ciel ne l'eſt
au-deſſus de la terre ? Pourquoi ce cha-
grin ſuperbe de ne pouvoir comprendre
l'infini ? Ce grain de ſable que je foule
aux pieds, eſt un abîme que tu ne peux
ſonder , & tu voudrois meſurer la hauteur & la profondeur de la Sageſſe éter-

C

nelle, & tu voudrois forcer l'être qui renferme tous les êtres, à se faire assez petit, pour se laisser embrasser tout entier par cette pensée, trop étroite pour embrasser un atôme ? La simplicité crédule du vulgaire ignorant, fut-elle jamais aussi déraisonnable que cette orgueilleuse raison qui veut s'élever contre la science de Dieu ?

Tel est cependant le génie des sages de notre siècle. Plus fière & plus indocile que jamais, la Philosophie autrefois vaincue par la Foi, semble vouloir se venger aujourd'hui, & triompher d'elle à son tour. Hélas ! ses tristes victoires ne sont que trop rapides. Oserai-je le dire ? Elle traite aujourd'hui Jesus-Christ & sa doctrine, avec la même hauteur, qu'elle a traité les anciens Philosophes & leurs sistêmes : elle s'érige en Juge souverain, & citant à son tribunal Dieu même & toutes ces vérités adorables qui furent apportées du Ciel, elle entreprend, comme

dit l'Apôtre, avec les principes & les élé-
mens grossiers du siècle présent, de juger
les objets invisibles & surnaturels du siècle
avenir ; il faudroit que Dieu, pour se
conformer à son goût, eût soumis tous
ses mistères au calcul, & qu'il eût réduit
en géométrie une Religion, touchante
dans ses preuves comme dans sa morale,
qu'il vouloit, pour ainsi dire, faire entrer
dans l'ame par tous les sens.

Verbe incarné, vous en qui sont cachés tous les trésors de la science & de la
sagesse, vous qui frappez les superbes d'a-
veuglement, & qui révélez aux humbles
les secrets de l'Eternité, guérissez l'esprit humain de cette vaine Philosophie
qui le rend fier & savant contre vous :
ôtez-nous ces fausses lumières qui nous
égarent, & remplissez-nous de cette foi
simple & prudente, qui donne aux enfans mêmes la sagesse de Dieu.

Recubans sub tegmine fagi.

APPROBATION

NOus foussignés Docteurs de Sorbonne, avons lû ce Discours *sur l'Esprit Philoso-phique* : nous n'y avons rien trouvé qui soit contraire à la foi ni aux mœurs. A Paris ce 21 Juillet 1755. SALMON LE TULLIER.

www.ingramcontent.com/pod-product-compliance
Lightning Source LLC
Chambersburg PA
CBHW060755280326
41934CB00010B/2495